AF370973

CATALOGUE

D'UNE COLLECTION

DE

LIVRES RARES

CHOISIS, SUR LA CHASSE

D'OUVRAGES A FIGURES

DE COSTUMES, POÈTES,

d'un manuscrit de Petrarca, sur vélin, etc.,

DE LA BIBLIOTHÈQUE DE M. LE Dr G......

DONT

La vente se fera le VENDREDI 19 OCTOBRE 1860,

A 7 HEURES DU SOIR,

MAISON SILVESTRE

rue des Bons-Enfants, n° 28,

SALLE DU PREMIER.

Commissaire-Priseur, Me BOULOUZE, 14, rue Ollivier.

—

On remarque dans cette collection : N°2. *Les Figures de la Bible de Holbein*, 1543. In-4.—
50. *Les Divertissements des Grands Seigneurs et les bétes fauves de Ridinger.* — 7!.
Bartsch, peintre graveur, 21 vol. —84. *Descamps, Vies des peintres,* 5 vol., ex. bro-
ché du premier tirage. — 128. *Louise Labé.* Lyon, 1556.— 130. *Les OEuvres de Ronsard.* 1567. 4 vol. in-4 (première édition). — *Cancioneiro general de Castillo.* 1557.
In-8, très-bel exemplaire en maroq. — 157. *Mélibée.* In-4, très-beau manuscrit sur
vélin. —158. *Heptaméron de 1780.* 3 vol. in-8, non rog. — 173. *Les Chroniques de
Froissard.* 4 vol. in-fol., goth., etc.

—

PARIS,

LIBRAIRIE TROSS,

PASSAGE DES DEUX-PAVILLONS, 8, ET RUE NEUVE-DES-PETITS-CHAMPS, 5.

1860.

ORDRE DE LA VACATION.

Vendredi 19 Octobre.

147 — 182.
1 — 146.
183 — 185.

CONDITIONS DE LA VENTE.

Les Adjudicataires payeront, en sus du prix des adjudications, cinq centimes par franc applicables aux frais.

Les Livres vendus devront être collationnés sur place dans les vingtquatre heures. Passé ce délai, ou une fois sortis de la salle de vente, ils ne seront repris pour aucune cause.

Les articles au-dessous de 12 fr. ne seront admis à rapport que dans le cas où ils seraient incomplets par l'enlèvement de feuillet ou portion de feuillet emportant du texte. Ils ne seront pas repris pour taches, mouillures déchirures, piqûres et autres défectuosités.

Les Livres seront exposés le jour de la vente, d'une heure à trois heures.

ORDRE DES DISTRIBUTIONS.

CATALOGUE

DE

LIVRES ANCIENS

RARES ET CURIEUX

de la bibliothèque de M. le docteur G......

I. Théologie. Figures de sainteté.

1. La Bible qui est toute la saincte Escripture du Vieil et Nouveau Testament. *La Rochelle, Corneille Hertman.* Les Psaumes avec la musique. *La Rochelle,* 1616. 2 vol. en un, in-8, 2 front. grav., maroq. br., à riches comp., tr. orig., dor. et gauf. (Ex. réglé en anc. rel., mais taché.)

> Les jolies gravures en bois qui ornent cette Bible sont de Van Sichem.

2. Historiarum Veteris Testamenti icones ad vivum expressæ. Vnà cum brevi, sed quoad fieri potuit, dilucida earundem et latina et gallica expositione. *Lugduni sub scuto Coloniensi, apud Joannem et Franciscum Frellonios, fratres,* 1543. In-4, fig., maroq. rouge, plats ornés, tr. dor. (Capé.)

> Bel exemplaire des figures de la Bible de Holbein.

3. Euangelien ende Epistolen, soe alsmen die, door tgantse Iaer, op alle Sondagen, en ander Festdaeghen, inder Hylligher Kercken holdt. *Campen, by Peter Warnersen,* 1562. Pet. in-8, goth., maroq. rouge, jans. tr. dor. (Hardy.)

> Avec un grand nombre de curieuses gravures en bois.

4. Figures de la Bible. (Avec texte en quatrains allemands, par Rebenstock.) *Francfort,* 1571. Pet. in-8, parch.

> Exemplaire complet, contenant 200 belles gravures sur bois, par Josse Amman.

5. Figures de la Bible. Figure del Vecchio (e del Nuovo) Testamento, illustrate di bellissime stanze volgari da Gabr. Sy-

gher meoni *Vinegia, Benilaqua,* 1574. 2 part. en un vol. pet.
in-8, parch.

> Figures sur bois, très-bien gravées et copiées en partie (pour le
> Vieux Testament) sur celle de Holbein, 254 pour la première partie
> et 115 pour la seconde. Les sept derniers feuillets ont une tache en
> haut.

6. Della vita di Christo libri dieci, di Teofilo Folengo. *Venetia, D. et G. B. Guerra,* 1578. Pet. in-8, fig. sur bois des frè-
res Guerra, parch.

> Nombre considérable de belles gravures.

7. Evangeliorum dominicalium summaria. Sanctorum his-
toriæ. Sanctorum Kalendarii romani, juxta concilium tri-
dentinum restituti imagines in ære excisæ. *Antverpiæ, ex
off. Chr. Plantini,* 1584. In-24, vél., à comp., tr. dor. (Rel.
orig.)

> Ce recueil, très-rare, contient plusieurs centaines de gravures en
> taille-douce.

8. Sonetti quadragesimali di Pietro Cresci, Anconitano. *In
Venetia appresso i Guerra fratelli,* 1588. In-4, cart.

> Volume de 26 feuillets, contenant 46 gravures en bois, entourées
> de bordures.
> Les frères Guerra (Krieger) étaient en même temps graveurs et
> éditeurs.

9. Figures historiques de la Bible, par U. Krauss. *Augsbourg,*
1705. In-fol., 135 planches avec souscriptions en vers allemands, 5 front. et 5 titres gravés, veau.

10. Les Cérémonies de la Messe. Gr. in-8, vél.

> Trente-six dessins *originaux* à l'encre de Chine, exécutés vers
> 1680.
> Ils sont de toute beauté.

11. Liber precationum quas Carolus Calvus imperator Hludo-
vici Pii filius sibi adolescenti pro quotidiano usu ante an-
nos vigintiquinque supra septingentos in unum colligi et
literis scribi aureis mandavit. *Ingolstadii, Sartorius,* 1583.
Pet. in-8, figures et bordures à chaque page, cart., non
rogn.

> Très-rare, surtout en pareil état.

12. Rosario della gloriosa Vergine Maria. *Nella Inclitta cita
de Venetia impresso per Marchio Sessa et Pietro de la Se-
rena,* 1524. Pet. in-8, goth., d.-rel.

> Livre d'heures dans le genre des heures françaises, orné d'un
> grand nombre de gravures sur bois. Chaque page est entourée d'une
> bordure.

13. Salvatoris, Beatæ Mariæ Virginis, Sanctorum Apostolorum icones. A. J. C. (Jacobo Callot.) *S. L. N. D.* 15 pl. in-8, montées du format pet. in-fol., cart.

Belles épreuves.

14. Miracula et beneficia S. S. Rosario virginis matris devotis a Deo Opt. Max. collata. *Antverpiæ, Gallæus*, 1610. Et d'augravures, pet. in fol., cart.

15. D. Catharinæ Senensis Virginis sanctissimæ ord. prædicatorum vita ac miracula selectiora formis æneis expressa. Avec privilége du roy. *S. L. N. D.* (vers 1600). Pet. in-fol, cart.

Titre gravé, portrait, et 52 planches chiffr., finement gravées.

16. Theatrum in quo res gestæ beatissimi patris ac monachorum patriarchæ Benedicti velut in scena spectanlæ atque Christianis omnibus imitandæ proponuntur. *Henricus Stackeri excudit Monachii Bojorum* (vers 1600). In-4, obl., 24 planches, cart.

17. Historia delle sante Virgine romane, opera di Ant. Gallonio. *Roma, Donangeli*, 1591. — Trattato de gli instrumenti di martirio e delle varie maniere di martoriare usate da' gentili contro christiani, opera di A. Gallonio. *Roma*, 1591. 2 vol. en un, grand nombre de gravures, in-4, cart.

Edition originale, avec les premières épreuves des gravures de Tempesta.

18. Icones institutorum sex illustrium in christiana religione ordinum. Dom. Custodis sculps. *Augustæ Vindelicorum*, 1597. — Benedicentia D. N. Jesu Christi erga sexum infirmiorem Æneis figuris expressa. *Aug. Vind., S. D.* 6 pl., et d'autres gravures gravées par Aspruck. In-fol., cart.

19. Marci Vigerii Saonensis San. Mariæ Transtibe. Præsbi. Car. Senogallien. Decachordum christianum Julio II Pont. Max. dicatum. *Quod Hieronimus Soncinus, in urbe Fani his caracteribus impresssit die X Augusti*, M. D. VII. (1507). In-fol, caract. ronds, cuir de Russie, comp. à froid.

Volume remarquable par les belles gravures sur bois (dont 16 de la grandeur des pages) dont il est orné.

20. Credo in Deum patrem omnipotentem. 12 planches de Goltzius. — Theatrum Passionnis Christi, Egidius Sadeler inven. 20 pl.—Le fils prodigue par Custodis. 4 pl.—Redditus at terræ Niniven. V. Velde fec. 4 pl. In-fol, vél., tr. dor.

Le même volume contient un grand nombre d'autres planches : Les Anges, par Franc. Aspruck, 1597. Le Fils prodigue, par Hughenberg, etc., etc.

21. Trattato delle santissime reliquie ultimente ritrovate nel Santuario della chiesa di San-Marco. *In Venetia, Appresso Pinelli*, 1617. Pet. in-4, parch.

> Ce volume, fort rare et orné de belles et curieuses gravures en bois se compose de 48 feuillets, sign. A—F.

22. Miraculosa effigies R. P. Garneti Soc. Jesu martyris Angliæ, 3 Maii, 1606. In-4. R. Sadeler jun. exc. ; avec bordures, fleurs, anges, etc. (Bel. exempl. à toutes marges.)

> Feuille volante d'une insigne rareté. Le texte également gravé commence : Londini matrona quædam catholica et proba, ex stramine R. P. ac mart. Henric. Garneti sanguine tincto, stipulam habebat. Eam ipsa et amici religiose intuentes, animadvertaverunt « *in spica* » effigiem, qualis hic refertur...

23. Bibliothecæ Alexandrinæ icones symbolicæ P. D. C. Giardiæ elogiis illustratæ. (*Mediolani*), *Malatesta* (1626). In-4, fig., cart.

24. Il Volto Santo di Lucca, contemplato dal P. Domenico Bovio. *Milano D. Garibaldi*, 1639. — Instruttione alla fama che deve ridive i trionfi della solenne funtione della coronitatione del Santo Volto. *Lucca*, 1655. 2 vol. en un, pet. in-4, cart.

25. Explication des maximes des saints sur la vie intérieure, par Messire F. de Salignac Fenelon. *Paris, Aubouin*, 1697. In-12, veau.

> Edition originale.

26. La chasse du renard Pasquin, descouvert en sa tannière, du libelle diffamatoire faux marqué le cathéchisme des Jésuites, par le sieur Fœlix de La Grace. *A. Villefranche, Hubert le Pelletier* à la rue de la Venerie, enseigne de la Levrière, 1602. In-12, vél.

II. Philosophie. Sciences occultes.

27. Les Caractères de Teophraste, traduits du grec, avec les Caractères ou les mœurs de ce siècle (par de La Bruyère, de l'Académie françoise). *Paris*, Michallet, 1688. In-12.

28. Education des enfants par Locke, trad. par Coste. *Paris, David*, 1747. 2 vol. pet. in-8, portr., maroq. rouge, fil., tr. dor. (Anc. rel.)

29. Les Provinciales, ou lettres écrites par L. de Montalte (Pascal) à un provincial de ses amis, trad. en latin par Wendrock,

en espagnol par G. Cordero, et en italien par C. Brunetti. *Cologne, Winfelt,* 1684. In-8, vél.

30, Trattato di Chiromantia autore Redolfo Coclenio. *Amsterdam, Gio. Giansonio,* 1641. In-16, cart., non rogn.

31. Déclamation contre l'erreur execrable des maleficiers, sorciers, enchanteurs, magiciens, devins et semblables observateurs de superstitions..., par P. Nodé. *Paris, J. de Carroy,* 1578. Pet. in-8, parch.

III. Ecriture, etc.

32. Oratoriæ artis epitoma : vel quæ brevibus ad consumatum spectant oratorem. . . . . *Erhardus Radoldt,* augustensis, ingenio miro et arte ppolita impressioni mirifice dedit. 1485. *Venetiis.* In 4 goth., fig. en bois, vél.

> Volume publié par *Jacobus Publicus,* remarquable par les belles et *singulières* gravures qu'il contient. Il est fort rare.
>
> Bel exemplaire, avec le premier feuillet blanc. On y trouve un jeu d'échecs, une manière singulière de faire des S, etc.

33. Lo presente libro insegna la vera arte delo excellente scrivere de diverse varie sorti de litere. . . Opera del Tagliente. *Vinegia, Nicolini da Sabio,* 1534. Pet. in-4, cart. (Quelques taches.)

34. Promptuarium variarum scripturarum, ex quo Latini, Itali, Galli, Hispani, Germani, Angli, Belgæque vernaculæ suæ scriptionis proprietatem et formam depromere possunt, a C. T. Boyssenio. . . congestum. (*Amsterdam,* 1570.) In-fol. obl., 50 planches de modèles d'écritures et 2 vues d'Amsterdam, vél.

35. Essemplare di piu sorti lettere di M. G. Francesco Cresci. *Vinegia, Salicato,* 1583. Pet. in-4, obl., vél.

36. Il Secretario di Marcello Scalzini detto il Camerino. *Venetia, Domenico Nicolini,* 1585. In-4 obl., grand nombre de planches, cart.

37. Regole nuove et avertimenti di Marcello Scalino da Camerino, co' quali potrà ciascuno senza maestro imparar facilmente à scrivir bene et presto. *Brescia, Sabbio,* 1591. — Il secretario di M. Scalino da Camerino. *In Turino,* 1589. 2 part. en 1 vol. in-4, obl., cart.

> La seconde partie contient un beau portrait de l'auteur et 18 planches de modèles d'écritures. La 15e contient des modèles en caractères microscopiques.

38. Il laberinto de Groppi, o sieno tiri, o tratti di penna artifi-

ciosi, e naturali. *Torino,* 1655. Gr. in-fol. oblong, 50 planches, vél.

39. Méthode pour faire une infinité de dessins différents avec des carreaux mi-partis de deux couleurs par une ligne diagonale, ou observations du P. D. Douat, de Toulouse, sur un mémoire de S. Truchet. *Paris, Quillan,* 1722. In-4, grand nombre de planches, veau.

IV. Chasse. Livres de cuisine.

40. Oppiano della pesca e della caccia, trad. del greco, e illustrato con varie annotazioni da A. M. Salvini. *Firenze,* 1728. In-8, vél.

41. Code des chasses, ou nouveau traité du droit des chasses. *Paris,* 1720. 2 vol. in-12, v. marb.

42. Venatio. Joa. Stradan. figuravit. Raphael Sadeler scalp. et excud. Belle planche in-fol. obl.

43. Venationes ferarum, avium, piscium, pugnæ bestiariorum et mutuæ bestiarum, delineatæ ab Ant. Tempesta. *Joannes Orlandus formis Romæ,* 1602. Titre gravé (monté) et 26 planches, in-fol., cart.

44. Antonii Tempestæ imagines acierum ac præliorum Veteris Testamenti. *Romæ, Nic. van Aelst,* 1613. Titre et 24 planches. — Septem orbis admiranda ab A. Tempesta relata. *Venundantur Antverpiæ, S. D.* Titre et 7 planches. 1 vol. gr. in-fol. obl., d.-rel., vél., tr. dor.

45. Scènes de chasses de Ant. Tempesta. *Roma, Calistus Ferrante,* 1609. Gr. in-fol. obl., titre gravé et 8 planches, d.-rel. vél., tr. dor.

> Beau et rare recueil.

46. Cacce delineate dalla famosa mano d'Antonio Tempesta. *Parigi, Ciartres,* 1621. Gr. in-fol. obl., dem.-rel., vél., tr. dor.

> Très-belle suite, composée de 15 pièces. Une autre gravure de Tempesta est ajoutée.

47. Venationes ferarum, avium, piscium, pugnæ bestiariorum et mutuæ bestiarum depictæ a J. Stradano, editæ a J. Gallæo, carmine illustratæ a C. Kiliano Dufflæo. *Antverpiæ, apud Jo. Gallæum, S. D.* In-fol. obl., veau ant., fil., tr, dor. (Rel. orig.)

> Bel exemplaire complet, avec 104 planches.

48. Avium vivæ et artificiosissimæ delineationes. *Amstelo-dami, Nic. Visscher,* 1659. In-fol. obl., titre gravé et 18 pl., cart., non rogn.

49. Die Par Force Jagd der Hasen, beschrieben von einem Liebhaber. (La chasse des livres aux chiens courants, décrite par un amateur.) *S. L.,* 1715. Pet. in-8, cart. (108 pages.)

> Petit volume, très-rare.

50. Parfaite et exacte représentation des divertissements des grands seigneurs, ou parfaite description des chasses de toutes sortes de bêtes. *Augsburg,* 1729. Gr. in-fol. obl., veau. (Anc. rel.)

> 36 planches. La plus belle suite de Ridinger.
>
> Le même volume contient : Contemplatio ferarum bestiarum, ingeniosissimis carminibus Henr. Brockes illustrata. Joa. Ridinger, inventor, sculps. *Aug. Vindel.* 1736. 41 planches de chevreuils, cerfs, etc.
>
> Les ouvrages de Ridinger, en ancienne reliure, sont introuvables.

51. Il Falconiere di J. A. Tuano, trasferito ed interpretato, coll' uccellatura a vischio di P. A. Bargeo, da G. P. Bergantini. *Venezia, Albrizzi,* 1735. Gr. in-4, fig. et portrait, vélin.

52. La Fauconnerie de Ridinger. Joh. El. Ridinger ad vivum del. M. El. Ridinger sculps. 1777. 2 pl. gr. in-fol. obl.

> Très-rare. — Plus 12 autres grandes planches de Ridinger.

53. Trente-quatre planches de chasses de Ridinger. Gr. in-folio oblong.

54. Cinquante-quatre planches de Ridinger, chasses, etc. Gr. in-folio.

> Deux collections factices qui contiennent des planches très-rares.

55. Trente-deux planches de chasses ; les douze mois de l'année, etc., par Merian et autres. In-4 obl., vél.

> Gravures exécutées de 1590-1620.

56. Cœlii Apitii de re culinaria libri x. P. Platinæ de tuenda valetudine libri x. Ad hæc Pauli Æginetæ de facultatibus alimentorum tractatus, Albano Torino interprete. *Basileæ,* 1541. In-4, vél.

57. Il trinciante de M. Vinzenzo Cervio, ampliato, et ridotto a perfettione dal cavalier reale Fusoritto da Narni, gia trinciante dell' ill. cardinal Farnese. *Venezia,* 1594. Pet. in-4, fig. en bois, cart.

58. Libro nuovo nel qual s'insegna il modo d'ordinar ban-

chetti... et far d'ogni sorte di vivanda secondo la diver-
sità dei tempi, cosi di carne, come di pesce..., per Christ. di
Messisbugo. *Venetia, Spineda.* 1600. Pet. in-8, cart.

V. Equitation. Art militaire.

59. Equini generis animalis nobilissimi, varia exempla, a
Joanne Stradano delineata. Philippus Gallæus edidit et de-
dicabat amico suo integerrimo duo Huberto Camoxio. (*Antverpiæ, vers* 1600.) In-8 oblong, cart.

Titre et neuf planches finement gravées.

60. La cavalerie françoise, représentant les haras ou races des
chevaux au plus parfait état qu'ils se puissent mettre..., par
Pierre de la Noue, gentilhomme françois. (*Genève, chez P.
et J. Chouet*), 1624. In-fol., veau ant., lil. (Rel. orig.)

Première édition, tout à fait inconnue. Exemplaire de dédicace
aux seigneurs de Berne dont le volume porte les armes en or sur
les plats. La préface est datée de Morges.

61. L'exercice de monter à cheval ensemble le maneige royal
de M. Pluvinel et de Charnizay. *Paris, Loison,* 1660. In-8,
figures, veau.

62. Anti-maquionage pour éviter la surprise dans l'emplette
des chevaux, par le baron d'Eisenberg. (En italien et fran-
cais.) *Florence,* 1753. In-fol., fig., cart., non rogn.

Très-bel exemplaire de l'ouvrage le plus rare de l'auteur.

63. Les exercices de cavalerie. Kriegskunst von Wallhausen.
Francfort, 1641. — Corpus militare, par le même. *Hanau,*
1617. — Flav. Vegetius Renatus. *Francfort,* 1616. 3 vol. en
un, in-fol., fig., vél.

Les deux premiers ouvrages sont ornés de belles planches, grav.
par Th. de Bry, Merian, Vielles, etc.

64. L'art de monter à cheval, ou description du manége moderne dans sa perfection, par le baron d'Eisenberg. Avec un
dictionnaire des termes du manége moderne. *Amsterdam,*
1759. — Anti-maquionage pour éviter la surprise dans
l'emplette des chevaux, par le même. *Amsterdam,* 1764.
2 vol. en un, gr. in-fol. obl., fig. de Bern. Picart, cart., non
rogn.

65. Dissertatione storiche e critiche sopra la cavalleria antica
e moderna secolare e regolare. *Brescia,* 1761. In-4, fig.,
cart.

66. Essai sur le duel, par le comte de Chateauvillard. *Paris, Bohaire*, 1836. Gr. in-8, d.-rel.

67. Lo spadone di Franc. Alfieri. *Padova, S. Sardi*, 1653. In-4 obl., 17 planches, cart.

68. L'arte di ben maneggiare la spada di Franc. Alfieri. *Padova, S. Sardi*, 1653. 2 parties en 1 vol. in-4 obl., 2 portr., frontisp. et 36 planches, vél.

69. Petri Sardi Gruendlicher Bericht von Fortification. *Franckfurt*, 1626. 2 part. in-fol. fig. — Kriegs-und Archeley-Kunst durch Hier. Ruscellum. *Frankfurt*, 1625. 2 part. — Reigles militaires du chevalier frère Loys de Melzo, de l'ordre de Malte, sur le gouvernement et service particulier et propre à la cavallerie. *Franckfurt*, 1625. Fig. — Armamentarium principale. *Franck.*, 1625. 6 vol. en un. In-fol., vél.

> Grand nombre de gravures en taille-douce, armures, exercices, armes, etc.

70. Il capitano generale di M. Girolamo Garimberto. *Venetia, Ziletti*, 1556. — Discorso sopra la castrametatione et disciplina militare de Rom., composto per G. Choul. *Venegia, Olmo*, 1557. Fig. sur bois. — Ragionamento di P. Giovio sopra i motti et disigne d'arme et d'amore che communamente chiamano imprese. *Venetia, Ziletti*, 1556. 3 vol. en un, pet. in-8, vél.

71. De la pirotechnia libri x.... Composti per il S. Vanoccio Biringuccio. *Venetia, Roffinello*, 1540. In-4, fig. sur bois, vél.

> Première édition, rare et belle. Haim, Bibliotheca, pag. 512.

VI. Beaux-arts. Livres à figures.

72. Du Laocoon, ou les limites respectives de la poésie et de la peinture, trad. de l'allemand de Lessing par Charles Vanderbourg. *Paris, Renouard*, 1802. In-8, front., d.-rel.

> Rare.

73. Dictionnaire des arts de peinture, sculpture et gravure, par M. Watelet, de l'Académie françoise, et M. Lévesque, de l'Académie des inscriptions. *Paris, Prault*, 1792. 5 vol. in-8, d.-rel.

74. Dictionnaire des monogrammes, marques figurées, lettres initiales, noms abrégés, etc., avec lesquels les peintres, des-

sinateurs, graveurs et sculpteurs ont désigné leurs noms, par Fr. Bruillot. Nouvelle édition. *Munich*, 1832. 3 vol. en un, in-4, fig. en bois, cart., non rogn.

75. Le peintre-graveur, par Adam de Bartsch. *Vienne*, 1803-1821. 21 vol. in-8, fig., br.

Ex. du premier tirage.

76. Manuel de l'amateur d'estampes, par F.-E. Joubert père. *Paris*, 1821. 3 vol. in-8, monogrammes, dem.-rel. mar. vert.

77. Le peintre converty aux precises et universelles regles de son art. Avec un raisonnement sur les tableaux, bas-reliefs, bastiments, etc. Par A. Bosse. *Paris*, 1667. In-8, front. grav., v. jasp., grand pap.

78. L'art de peindre, poëme, avec les réflexions sur les diffé-rentes parties de la peinture, par C.-H. Watelet. *Paris*, 1760. Gr. in-4., fig. en taille-douce, mar. vert, fil., tr. dor. (Derome.)

79. La peinture, poëme en trois chants, par Le Mierre. *Paris, Le Jay, S. D.* In-4, fig. de Cochin, v. marbr.

Bel ex. avec le portr. de Corneille sur le titre.

80. Cours historique et élémentaire de peinture, ou galerie complète du Museum central de France, par une société d'amateurs et d'artistes. *Paris, Filhol*, 1802. 10 part. en un vol. gr. in-8, pap. de Holl., d.-rel.

81. De la peinture sur verre aux Pays-Bas, par le baron de Reiffenberg. *Bruxelles*, 1832. Gr. in-4, cart., non rogn.

82. Traité historique et pratique de la gravure en bois, par J.-M. Papillon. *Paris, Simon*, 1766. 2 vol. in-8, fig. veau.

83. De la manière de graver à l'eau-forte et au burin, par Abr. Bosse. *Paris, Jombert*, 1745. In-8, fig., v.

84. La vie des peintres flamands, allemands et hollandais, avec des portraits gravés en taille-douce, une indication de leurs principaux ouvrages et des réflexions sur leurs diffé-rentes manières. *Paris*, 1753-1764. 4 vol. in-8, cart., non rogn.

Ancien tirage, belles épreuves. On a ajouté. *Voyage pittor. de la Flandre*, 1769, également broch. et d'anc. tirage.

85. Le nouveau théâtre des peintres hollandais et flamands (texte en hollandais), par J. van Gool. *La Haye*, 1751. 2 vol. in-8, portraits par Houbraken et Tanjé, cart., non rogn.

Supplément de Descamps.

86. Abrégé de la vie des plus fameux peintres avec leurs portraits gravés en taille-douce, les indications de leurs principaux ouvrages, quelques reflexions sur leur caract., etc. (par d'Argenville). *Paris*, 1762. 4 vol. in-8, fig., d.-rel. (Quelques pages légèrem. tachées.)

> On a ajouté la grande affiche qui fut collée dans les rues à l'époque de la publication de l'ouvrage.

87. Costumes par Aldegrever, avec son monogramme et la date de 1538. 7 planches pet. in-8, montées, cart.

88. Costumes dessinés par Sebastian Vrancx et grav. par S. de Jode. Costumes français, belges, anglais, italiens, etc. 10 planches pet. in-fol., cart.

> Ex. avec marges.

89. Achillis Bocchii Bonon. Symbolicarum quæstionum de universo genere quas serio ludebat libri quinque. *Bononiæ, in œdib. novæ academiæ Bocchianæ*, 1555. Pet. in-4, vél.

> Première édition, recherchée à cause des figures de Giulio Bonasone. On y trouve, à la page 36, la représentation d'une guillotine.

90. Planches de P. Breughel, Breugel ou Brugel (surnommé le Drôle ou le Breughel d'enfer). *Anvers, Cock*, 1558-1565. In-fol. obl., vél. (Planches montées.)

> Jésus-Christ. — Spes. — Fides. — Charitas. — Justicia. — Fortitudo. — Prudentia. — Temperantia. — Luxuria. —Gula, 3 pl. différ. — Superbia. — Invidia. — Ira. — Desidia. — Et d'autres, dont quelques-unes sont doubles. — En tout 24 planches, la plupart grav. par P. Miricenis. Estampes des plus grotesques et des plus rares.

91. Le livre d'art de Josse Amman. *Franckfurt*, 1580. Pet. in-4, parch.

> Volume entièrement gravé en bois. Signat. A. —. R 3, plus 4 ff. prél. dont un titre et un feuillet pour la souscription.

92. Collection de costumes et de scènes d'intérieur, par Petr. de Jode et autres. 9 planches in-fol. obl., cart.

> Planches gravées vers 1580. Belles épreuves.

93. Emblemata Nicolai Reusneri. *Francofurti*, 1581. Pet. in-4, vél.

> Plusieurs centaines de gravures en bois de J. Amman.

94. Grammatica.— Dialectica.—Rhetorica.— Musica.—Arithmetica. — Geometria. — Astronomia. Mart. de Vos inventor. Crispinus de Pas excud. Pet. in-fol. cart.

95. Suite de 12 costumes militaires plus 5 doubles. Petrus

Mayr inventor. H. Ulrich Schulp exc. 1599. 17 planches montées. In-12, vél.

96: Gründtliche Beschreybung der freyen Ritterlichen Kunst des Fechtens. (C'est-à-dire : Description de l'art noble et chevaleresque de l'escrime.) Durch Joachim Meyer, Freyfechter zu Strassburg. *Augsburg, M. Manger*, 1600. In-4, obl., vél. rouge.

> Bel exemplaire d'un volume très-rare, orné d'une centaine de grandes gravures sur bois où les combattants sont représentés en costume de l'époque.

97. Deliciarum juvenilium libellus elegantissimus, variis hujus seculi voluptatum imaginibus illustratus. Nunc primum in lucem editus per Crispinum Passæum, depictorem earundem excusorem. *S. L. N. D. (Coloniæ, vers* 1600.) Pet. in-4 obl., vél., tr. dor. (Titre monté.)

> Quarante-deux planches non chiffrées, plus un titre, fort bien gravées par Chrispin de Passe et représ. des scènes amusantes. Belles épreuves.

98. Les souffrances d'un mari (cocu). — 4 planches. Anima, homo carnalis, caro. 4 planches : Von der Heyden exc. (*Argentor., vers* 1600.) Pet. in-fol. cart., non rogn.

> Curieuses suites.

99. Jacta sit alea. Newes Soldatenbuchlein durch Lucas Kilian. *Augsburg*, 1609. Pet. in-fol., vél.

> Bel exemplaire rempli de témoins, ou plutôt non rogné. Cette suite gravée en taille-douce est fort rare ; elle se compose de 16 planches chiffrées dont 12 représentent des lansquenets, et les 4 autres des femmes de lansquenets.

100. Venus Batava, sive amœnitates amorum, suavissimis et artificiosissimis iconibus ob oculos positæ, ut instar albi amicorum studiosis inservire possint. *Ex libera Batava*, 1618. In-4, vél., n. rogn.

> Titre et 21 belles planches de costumes, grav. en taille douce.

101. Costumes de Callot. 12 planches à l'eau-forte. Gr. in-8, rel. en parchemin.

> Belles épreuves.

102. Exercices militaires fait par noble J. Callot, mis en lumière par Israel son ami. *Cum privilegio regis Israel excu.*, 1635. Titre et 12 planches, pet. in-8, vél.

> Très-belles épreuves.

103. Les fantaisies de noble J. Callot, mises en lumière par

Israel son amy. *Clemendt de Jonghe excudit*, 1635. Titre et
12 planches, pet. in-8, vél,

104. La picca, e la bandiera di Franc. F. Alfieri. *Padova, Sardi,*
1638-41. 2 vol. en un, in-4 obl., vél.

> 12 planches et 2 portraits pour la première partie ; 2 portraits et
> 28 planches pour la seconde.

105. Les délices de la société productive (en allem.). Der
Fruchtbringenden Geselschaft Nahmen, Vorhaben, Ge-
maehlde und Worter, in achtzeilige Reime verfasset.
Franckfurt, 1646. 4 tomes en 2 vol. in-4, vél. (Aux armes.)

> Avec 400 gravures emblématiques, par M. Merian.

106. Speculum Cornelianum. *Petrus Aubry excud. Argentinæ,*
(vers 1600). In-fol. obl., vél., non rogn.

> Suite des plus curieuses scènes de la vie des étudiants de Stras-
> bourg aux xvie et xviie siècles.

107. Salvator Rosa has ludentis otii Carolo Rubeo singularis
amicitiæ pignus d. d. d. *Nurimbergæ, J. de Sandrært,*
S. D., (vers 1650). In-4. 60 planches de costumes, vél.

> Très-belles épreuves.

108. Théâtre des plus célèbres ordres de chevalerie (avec un
texte allemand). *Augsbourg*, 1756. In-18, bas.

> 46 planches de costumes, dessinées par Eichler et Nilson.

109. Ordonnances du roi pour régler l'exercice de l'infanterie.
Paris, impr. royale, 1766. 2 vol. pet. in-fol., bas. marbr.

> Planches de costumes, par de la Haye, Gravelot et autres.

110. Etat actuel de la musique du roi et des trois spectacles de
Paris. *Paris*, 1771. In-18, fig. par Eisen et Marillier, maroq.
r., fil., tr. dor. (Anc. rel.)

111. Tableau de Paris. *Amsterdam*, 1783. 4 vol. in-8, v. marb.
(Bel exempl.)

> On a ajouté les célèbres *eaux-fortes* de Duncker, publ. de 1785-
> 1787, à *Yverdon*. Ce volume, monument iconologique pour les
> mœurs et costumes de l'époque de Louis XVI, est fort beau d'épreuves
> et relié uniformément.

112. Souvenir immortel aux artistes. Petit recueil des tableaux
superbes que l'on voit dans l'église royale des Invalides,
grav. par de célèbres artistes. *Paris, Desnos* (vers 1780).
In-24, mar. r., tr. dor.

113. Histoire des modes françaises, ou révolution du costume
en France, contenant tout ce qui concerne la tête des Fran-

çais, avec des recherches sur l'usage des chevelures artifi-
cielles chez les anciens. *Amsterdam*, 1783. In-12, v.

114. Les Métamorphoses d'Ovide, gravées sur les dessins des
meilleurs peintres français, par les soins de Le Mire et
Basan. *Paris, S. D.*, In-4, d. rel. cuir de Russie.

115. Antiquarum statuarum urbis Romæ quæ in publicis priva-
tisque locis visuntur icones. *Romæ*, 1621. 82 planches. —
Aratæa, sive signa cœlestia. *Amstelodami, Janssonius*, 1601.
43 planches par de Gheyn. 2 vol. en un, in-fol. veau.

116. La Hypnerotomachia di Poliphilo, ciaè pagna d'amore in
sogno. *Vinegia, in casa de' figliovoli d'Aldo*, 1545. In-fol.,
fig. sur bois, d.-rel.

> Sans contredit un des livres les mieux illustrés. Les dessins,
> attribués en général à Giovanni Bellino, paraissent être de Mares-
> calco detto Bonconsiglio dont le monogramme se trouve sur deux
> planches.

117. Fleurs à l'usage des orfèvres, peintres, décorateurs et
autres artistes. (Publ. à Strasbourg, vers 1600 par Braun,
von der Heyden, et autres artistes.) 8 planches in-8 , cart.

> Magnifique exempl. en grand papier avant la lettre.

118. Vues de Paris et des environs. *J. Silvestre delineavit et
sculpsit, Israel exc.* 50 planches, pet. in-8, veau. (Rel.
orig.).

> Collection fort curieuse. La chapelle de Gaillon, etc.

119. Hærlem. Villarum varias facies, etc. (Vues des environs
de Haerlem). *J. C. Visscher fecit et excudebat (Amstelodami,
circa*, 1600). 12 pl. in-fol., cart.

120. Præcipuorum quorundum locorum Argentinæ vicinorum
délineatio. (*Argentorati. circa*, 1600). In-8, obl., cart..

> Vues des environs de Strasbourg, 9 planches gravées par J. Ab.
> Heyden. Le même volume contient des vues de Châlons-sur-Marne,
> de Charenton, des paysages de Merian, Tempesta, etc., 1600-1616.

121. Virorum doctorum de disciplinis bene merientium icones
XLIII, a Philippo Gallæo. *Antverpiæ*, 1572. In-4, maroq.
noir, fil., tr. dor. (Anc. rel.)

> Exemplaire avec signature autographe d'Albert, prince de Bar-
> banson et d'Aremberg.
> Portraits de Pirckheymer, Marot, Plantin, Erasmus, Fisher, Tar-
> taglia, Apianus, Dodonæus, etc., etc.

122. Collection factice de 200 portraits gravés en taille-douce,
publ. par Moncornet, J. et P. de Jode, et grav. par Melar,
Bouttats, Filian, etc. Pet. in-fol., vél., cordé,

> Portraits de princes et princesses de la maison de France, hommes
> d'État, capitaines, généraux, maréchaux, etc.

VII. Belles-lettres.

123. L'Iliade (et l'Odyssée) d'Homère avec des remarques; précédé de réflexions sur Homère et sur la traduction des poëtes, par Bitaubé. *Paris, imprimerie de Didot,* 1787-1788. 12 vol. in-18, maroq. rouge, dent., tr. dor.
> Exempl. en papier vélin, relié sur brochure.

124. L'Iliade, avec un discours sur Homère, par M. de La Motte. *Paris, Dupuis,* 1714. In-8, fig. d'Edelinck, v. fauve.

125. Anacreon, Sapho, Bion et Moschus, traduction nouvelle en prose, suivi de la Veillée des fêtes de Vénus. *Paris, le Bouchu,* 1773, fig. et vign. d'Eisen. In-8, v. fil., tr. dor.

126. Quinti Horatii Flacci Opera omnia recensuit Filon. *Parisiis, Sautelet,* 1828. In-64, cart., non rogn.
> Edition imprimée avec les caractères microscopiques de Didot. Exemplaire sur Chine portant le n° 51.

127. Fables de Phèdre, trad. en français, avec le texte à côté, et ornées de grav. (color). *Paris, Didot,* 1806. 2 vol. in-12, pap. vél., cuir de Russie, fil., tr. dor. (Ducastin.)

128. Evvres de Lovïze Labé, Lionnoize, reuues et corrigées par ladite dame. *Lyon, Jan de Tournes,* 1556, maroq. vert, fil., tr. dor. (Kœhler.)
> Rare.

129. OEuvres de Louise Charly, Lyonnoise, dite Labé, surnommée la belle Cordière. *Paris, Duplain,* 1762. Pet. in-8, front. et vign., cart.

130. Les œuvres de P. Ronsard. *Paris, Gab. Buon,* 1567. 4 vol. in-4, parch. (Rel. orig.)
> Première édition des œuvres de Ronsard. Bel exemplaire réglé et presque non rogné. L'exemplaire est en conséquence rempli de témoins.

131. Le sereine de messire Honoré d'Vrfé. *Lyon,* 1617. Pet. 12, parch.

132. Les satyres et autres œuvres du sieur Regnier. *Leiden, J. et D. Elzeviers,* 1642. Pet. in-12, maroq. rouge, fil., tr. dor. (Anc. rel.)

133. Les poëmes de Claude Expilly. *Grenoble,* 1624. Gr. in-4, vél.
> Edition fort rare. Ex. en grand papier fort.

134. Les poésies de Malherbe, avec les observations de Menage, seconde édition. *Paris, Claude Barbin,* 1689. In-12, veau.

135. OEuvres diverses de M. de La Fontaine. *Paris, Pissot,* 1744. 4 vol. in-12, vign., bas.

136. Contes et nouvelles en vers de M. de La Fontaine. *Amsterdam,* 1743. 2 vol. pet. in-8, jolies petites vignettes, dem.-rel. (Taché.)

137. Contes des fées, par Ch. Perrault. *Paris, Fournier,* 1781. In-12, fig., v. éc., fil.

138. OEuvres diverses de M. Rousseau. *London, Tonson et Wath,* 1723. 2 vol. in-4. (Aux armes et aux croix de Lorraine.)

Edition avec les épigrammes.

139. La Pucelle d'Orléans, poëme héroï-comique. Nouvelle édition sans lacune. *Londres,* 1757. Pet. in-8, front., maroq. rouge, fil., tr. dor. (Derome.)

140. Essai de traduction littérale et énergique par le marquis de Saint-Simon. Aux dépens de l'auteur. *Haarlem, J. Enschede,* 1771. 2 vol. in-8, pap. de Holl., v. marbr., fil.

Fort rare. Tiré à petit nombre pour les amis de l'auteur.

141. Lettre du comte de Comminges. *Paris, Jorry,* 1764. In-8, fig. et vign. d'Eisen, d.-rel.

142. La Coutume de Paris, mise en vers, avec le texte à côté. *Paris, Saugrain,* 1768. In-12, veau.

143. Étrennes tourquennoises, ou recueil de chansons facétieuses et plaisantes, en vrai patois de Lille et de Tourcoing. *Tourcoing et Lille. S. D.* 9 part. 2 vol. in-24, fig. et musique, mar. vert, dent., tr. dor.

144. Recueil de Noëls provençaux (en provençal), par le sieur Nicolas Saboly. *Avignon,* 1802. Pet. in-8, bas.

145. Hendibras. In thre parts. Written in the time of the late wars. Adorn'd with a new set of cuts, design'd and engrav'd by Mr. Hogarht. *London,* 1739. Pet. in-8, fig., cart., non rogné.

Avec le portr. de Butler, grav. par Van Gunst. Edition fort rare et singulièrement estimée à cause des fig. de Hogarth.

146. Cancionero general : Que contiene muchas obras de diversos autores antiguos, con algunas cosas nuevas de modernos, de nuevo corregido y impresso. *En Anvers, en casa de Martin Nucio a la ensena de las dos Ciguenas,* M. D. LVII. In-8, à 2 col., m. rouge, tr. dor., plats ornés (Capé.)

Très-bel exempl. grand de marges, ayant le timbre d'une bibliothèque particulière sur le titre.

147. L'Estourdy, ou les Contretemps, par J. B. P. Molière. *Suivant la copie imprimée à Paris*, 1663. Pet. in-12, vél. (104 pages et 2 ff. blancs.)

148. Dépit amoureux, comédie de J. B. P. Molière. *Suivant la copie imprimée à Paris*, 1663. Pet. in-12, vél. (91 pages et 2 ff. blancs).

    Editions des Elzeviers (à la sphère), publiées la même année que les éditions originales.
    Extrêmement rares.

149. Œuvres de Racine. *Amsterdam*, 1698-1700. 2 vol. pet. in-12, fig., vél.

    Ex. presque non rogn. Esther est de 1698. — Athalie de 1702.

150. La généreuse Ingratitude, comédie pastorale, par le sieur Quinault. *Paris, Toussaint Quinet*, 1655. In-12, cart., non rogné.

151. Les Coups de l'amour et de la fortune, tragi-comédie. *Imprimée à Rouen*, et se vend à *Paris, chez G. de Luyne*, 1660. In-12, cart.

152. La Comédie sans comédie, par le sieur Quinault. *Imprimée à Rouen*, et se vend à *Paris, chez G. de Luyne*, 1660. In-12, cart.

153. Le Fantosme amoureux, tragi-comédie de M. Quinault. *Paris, Guill. de Luyne*, 1662. In-12, cart.

154. L'Amant indiscret, ou le Maistre estourdy, comédie par le sieur Quinault. *A Rouen*, et se vend *à Paris chez G. de Luyne*, 1664. In-12, cart.

155. La Mère coquette, ou les Amans brovillez, comédie par M. Quinault. *Paris, G. de Luyne*, 1666. In-12, cart.

    Editions originales.

156. Francisci Arhelini in Phalaridis tyranni Agrigentini epistolas proemium. *A la fin* : Nunc Phalaris doctum protulit ecce caput. — Pet. in-4, vél. (Quelques notes Mss.)

    Edition fort rare, 50 feuillets (dont le dernier blanc). Elle est sans chiffres, réclames ni signatures. On lit sur les gardes : *J. carateri sono simili a quelli del Zaroto*. Nous croyons le volume plus ancien.
    Il contient aussi un *manuscrit :* Laudivii equitis Hierosolym. ad Franc. Beltrandum in epistolas Magni Turci, etc. 18 feuillets.

157. Uns iouvenceaulx appelez par son nom Mellibec, puissant et riches, et une feme appellee Prudence. Et de celle femme auoit une fille, etc. *A la fin* : Cy fine Mellibée. In-4, rel. en velours.

    Très-beau manuscrit sur *vélin* du commencement du xvᵉ siècle, orné au premier feuillet d'une jolie miniature et d'un grand nombre d'initiales en or et couleurs.

158. Heptameron françois. Les Nouvelles de Marguerite, reine de Navarre. *Berne*, 1780-81. 3 vol. in-8, fig. de Freudenberg, cart.

Exemplaire non rogné.

159. Les avantures du baron de Fœneste, comprinses en quatre parties. Les trois premières reueues, augmentées et distinguées par chapitres : ensemble la quatriesme partie, nouvellement mise en lumière (par T. A. d'Aubigné). *Au Dezert, imprimé aux depens de l'autheur*, 1630. Pet. in-8, 6 ff. prel. et 308 pag., v. fauv. (Anc. rel.)

Seule édition complète qui a paru du vivant de l'auteur. (Brunet, I, 544.)

160. Recueil général des œuvres et fantaisies de Tabarin, divisé en deux parties. — Les Aventures et amours du capitaine Rodomont. *Rouen, Dav. Geuffroy*, 1627. 3 part. en 1 vol. in-12, vél.

Exemplaire rempli de témoins.

161. Le Romant comique de Scarron. *Suivant la copie imprimée à Paris (Hollande, Elzeviers)* 1668. 2 vol. en un, pet. in-12, vél.

Ex. avec témoins. On a ajouté la 3e partie. *Suivant la copie, imprimée à Paris*, 1680. Pet. in-12, vél. Cette dernière partie est fort rare.

162. Les facecieuses nuicts du seigneur Straparole. *S. L.*, 1726. 2 vol. in-12, veau jasp.

163. Les Nuits de Paris, ou le Spectateur nocturne. — La Semaine nocturne (par Rétif de la Bretonne). *Paris, Merigot*, 1791. 15 vol. in-8, fig. en taille-douce, cart., non rogn.

164. Contes moraux et nouvelles idylles, par Sal. Gessner (en allemand). *Zurich, chez l'auteur*, 1777-1778. 2 vol. in-4, fig., br.

Les figures et vignettes de cette édition ont été dessinées et gravées par Gessner.

165. OEuvres de Gessner, trad. en français (par Huber, Meister, et l'abbé Bruté). *Paris, Barrois*, 1786-1793. Fig., vign. et culs-de-lampe de Le Barbier. 3 vol. in-4, d.-rel.

166. Les Nouvelles de Miguel de Cervantes Saavedra, trad. les six premières par F. de Rosset, et les autres six par le sieur d'Audiguier; avec l'histoire de Ruis Dias et de Quixaire, par le sieur de Bellan. *Paris, J. Bouillemont*, 1630. In-8, d.-rel.

167. Morias Enkomion. Stultitiæ laus. Des. Erasmi Roterodami declamatio. Cum commentariis Ger. Listrii et figuris Joa. Holbenii. *Basileæ,* 1676. Grav. en taille-douce, in-8, cart.

> Edition cum Notis Variorom. Exemplaire non rogné avec la signature de Baronius.

168. Eloge de la folie, nouvellement traduit du latin d'Erasme, par M. de La Vaux, avec des figures de Jean Holbein, gravées d'après les dessins originaux. *Basle, Thurnèysen,* 1780. In-8, pap. de Hollande, fig. en bois, cart., n. rogn.

169. L'Alcoran des cordeliers, tant en latin que françois, nouvelle édition ornée de figures dessinées par B. Picart. *Amsterdam,* 1734. 2 vol, in-12, maroq. rouge, fil., tr. dor. (Anc. reliure.)

170. L'Atalantis de madame Manley, contenant les intrigues politiques et amoureuses de la noblesse d'Angleterre. *Selon la copie imprimée à Londres,* 1714-1716. 3 vol. in-12, v.

171. Les Délices de l'esprit, par Desmarets (1675). In-12, fig. de Chauveau, cart.

VIII. Histoire.

172. Viaggio da Venetia al Santo-Sepolcro et al monte Sinai, con il dissegno delle città, castelli, ville, chiese, monasterii, etc., che sin la trovano. *Venetia, Zanetti,* 1598. Pet. in-8, fig. en bois, cart., non rogn.

173. Le premier (second, tiers et quart) volume de Froissart, des croniques de France, d'Angleterre, d'Escoce, d'Espaigne, de Bretaigne, de Gascongne, de Flandres et lieux circonvoisins. *Imprimé à Paris lan de grace mil cinq cens et dix-huit pour Jehan Petit.* 4 tomes en 3 vol. in-fol. goth. à 2 col., bas.

> Bel exemplaire.

174. Mémoires pour servir à l'histoire de France, contenant ce qui s'est passé de plus remarquable dans ce royaume depuis 1515-1611 (par de l'Estoile). *Cologne,* 1719. 2 vol. in-8. Portraits de Harrevyn, veau fauve.

175. Galanteries des rois de France, depuis le commencement de la monarchie jusqu'à présent. *Bruxelles (à la Sphère),* 1694. 2 vol. in-12, 2 front. grav., cart., non rogn.

176. Discours sur les causes de l'exécution faite ès personnes

de ceux qui avaient coniuré contre le roi et son estat. *Paris, à l'Olivier de P. l'Huillier,* 1572. Pet. in-8, cart.

> Pièce fort rare, relative à la Saint-Barthélemi. Exemplaire presque non rogné, mais traversée d'une légère piqûre.

177. L'entrée de très-grand, très-chrestien, très-magnanime et victorieux prince Henri IIII.., en sa bonne ville de Lyon, le IIII septembre de l'an M. D. XCV. *Lyon, Pierre Michel* (1595). Gr. in-4, vél.

> Avec une grande planche, représentant l'entrée et un beau portrait de Henri IV. Exemplaire rempli de témoins.

178. Relation au vray, particulière et ample, de tout ce qui s'est faict iour par iour au siege de Verrue, depuis le commencement du mois d'aoust, jusques au dix-huistième de novembre l'an 1625. *Lyon, J. Roussin,* 1626. In-8. 103 pag., 1 grand f. plié, et le plan du siége par Jean Beauliet, vél.

179. Les crimes des reines de France depuis le commencement de la monarchie jusqu'à Marie-Antoinette, par L. Prudhomme. *Paris, au bureau de la Révolution,* 1791. In-8, fig., cart.

> Avec la signat. autogr. de Prudhomme.

180. La vie, les amours, le procès et la mort de Marie-Stuart, décapitée à Londres. *Paris,* 1793. In-8, portr. de Blanchard, br.

181. Les Mémoires de messire Olivier de la Marche. Avec les annotations et corrections de J. L. D. G. *Gand, Gérard de Salenson,* 1567. Pet. in-4, veau. (Rare.)

182. Histoire de la pairie de France et du parlement de Paris (par M. de Boulainvilliers). *Londres, Harding,* 1740. In-12, frontisp., broch.

183. Epitome, ou Abrege des uies de cinquante et quatre notables et excellens personnaiges tant grecs que romains, mises au parangon l'une de l'autre, extraict du grec de Plutarque de Charonce. Premier (et unique) volume. *Paris, Philippi Danfric,* 1558. Pet. in-8, vél.

> Volume fort rare imprimé *en caractères de civilité.* Exemplaire presque non rogné.

184. Il Petrarcha con l'espositione d'Alessandro Vellutello e con piu utili cose in diversi luoghi di quella novissamente da lui aggiunte. *Vinegia, Bernardino de Vidali,* 1532. Pet. in-8, vél. (Le commentaire entoure le texte.)

> Edition imprimée en caractères italiques, c'est la troisième annotée par Velutello, et une des meilleures de ce commentaire estimé. (Brunet, III, 699.)

185. TRIONFI DELLO EGREGIO M. F. PETRARCA. Gr. in-8, rel. en bois, rec. de maroq. brun, tr. dor. (Très-belle et riche reliure originale.)

Admirable manuscrit sur *vélin* en caract. ronds, du xve siècle, avec riches initiales en or et couleurs. Les têtes des chapitres sont en or et bleu.

Ce précieux volume contient 2 chapitres de plus que l'édition précédente : CAPITOLO SECONDO DELLE PUDICICIA, commençant : *Quanta gia nel eta matura et acra* et finissant : *Quella percui benfar prima inipiacque.* — Et le CAPITOLO SECONDO DE LA FAMA commençant : *Nel cor pien d'amarissima dolceza* et finissant : *Poi alla fine vidi arthu e Carlo.*

L'ouvrage suivant paraîtra prochainement à la librairie
TROSS, à Paris.

VIATOR. DE ARTIFICIALI PERSPECTIVA

PINCEAUX, BURINS, ACUILLES, LICES, PIERRES, BOIS, METAULX, ARTIFICES,

IMPRESSUM TULLI, ANNO 1509

Solerti opera Petri Jacobi presbyteri Incole pagi Sancti Nicolai.

—

AVEC UNE NOTICE DE M. HIPP. DESTAILLEUR.

—

Un vol. in-fol. goth. reproduit (à l'exception de la notice, en caractères mobiles) par le
procédé de M. Pilinsky. — Reliure à l'anglaise.

Tiré à 100 exemplaires sur papier vergé, à 60 fr.
    12   —   sur papier vélin anglais (Whatmann) à 75 fr.
     4   —   sur peau de vélin, à 300 fr.

Ces quatre derniers exemplaires sont tirés sur un vélin imitant celui du XVe siècle, et fabriqué, spécialement pour cette édition de Viator, par Bartholmé, à Augsbourg.

———

Cet ouvrage est remarquable par les belles gravures dont il est orné. C'est le premier livre français qui ait paru sur les arts du Dessin et de la Perspective. Quoique publié en Lorraine en 1509, il est essentiellement français. L'auteur est Angevin, et tous les monuments qu'il reproduit appartiennent à la France, et même en grande partie à Paris. Nous citerons entre autres : l'intérieur de Notre-Dame, la salle des Pas-Perdus, la salle du Parlement, la Sainte-Chapelle.

Viator (Pellegrin), venu à Toul vers 1500, a été chanoine de la cathédrale de cette ville. M. Beaupré, conseiller à la cour de Nancy, a bien voulu nous donner, sur la vie de cet auteur, des détails intéressants, qu'on trouvera dans la Notice.

Cette importante publication est d'un grand intérêt pour les Architectes, Archéologues, Peintres, Sculpteurs, Amateurs de livres rares, et pour toutes les autres personnes qui s'occupent de l'histoire et de l'art français.

L'édition a été tirée, comme on le voit, à petit nombre. Les exemplaires ont été numérotés à la presse. La souscription est en partie remplie et il n'en reste plus qu'un nombre très-restreint.

Paris. — Imprimerie de Pommeret et Moreau, rue Vavin, 42.

www.ingramcontent.com/pod-product-compliance
Lightning Source LLC
LaVergne TN
LVHW020635180726
843502LV00006B/2056